AF260019

STATUTS ET RÈGLEMENT

DU COMITÉ

DE

L'UNION RÉPUBLICAINE

DE MEAUX

Fondé le 13 Mars 1881

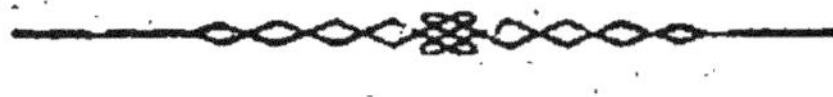

MEAUX

IMPRIMERIE DESTOUCHES, RUE DE LA JUIVERIE, I

1881

STATUTS ET RÈGLEMENT

DU COMITÉ

DE

L'UNION RÉPUBLICAINE

DE MEAUX

Fondé le 13 Mars 1881

ASSOCIATIONS

COMITÉ DE L'UNION RÉPUBLICAINE DE MEAUX

CONSTITUTION LÉGALE

LE PRÉFET DU DÉPARTEMENT DE SEINE-ET-MARNE,

Vu la demande en autorisation présentée par les Membres fondateurs d'une Société formée à Meaux, sous le titre de *Comité de l'Union républicaine de Meaux* ;

Vu la liste des Membres fondateurs ;

Vu les Statuts annexés à la demande ;

Vu l'avis favorable de M. le Sous-Préfet de Meaux ;

Vu l'article 291 du Code pénal, remis en vigueur par le décret du 25 mars 1852 ;

ARRÊTE :

ARTICLE 1er. — La Société formée à Meaux, sous le titre de *Comité de l'Union républicaine de Meaux*, est autorisée à se constituer légalement.

ARTICLE 2. — Elle s'occupera exclusivement de l'objet indiqué par ses Statuts, auxquels aucun changement ne pourra être apporté sans notre approbation.

— 4 —

ARTICLE 3. — M. le Sous-Préfet de Meaux est chargé
de l'exécution du présent arrêté.

Melun, le 11 août 1881,

Signé : GEORGES PATINOT.

Le présent arrêté a été approuvé par décision de M. le
ministre de l'intérieur en date du 18 août 1881.

Pour copie conforme,

LE SECRÉTAIRE GÉNÉRAL,

Signé : FÉLIX GRENIER.

Pour copie conforme,

LE MAIRE,

VICTOR MODESTE.

STATUTS ET RÈGLEMENT

DU

COMITÉ DE L'UNION RÉPUBLICAINE

DE MEAUX

FONDÉ LE 13 MARS 1881

STATUTS

CHAPITRE Ier.

ARTICLE 1er. — Le Comité de l'*Union républicaine,* fondé à Meaux le 13 mars 1881, a pour but l'affermissement de la République et la propagation des idées républicaines par tous les moyens non contraires aux lois.

Ces moyens sont : les brochures, les journaux, les conférences, les lectures publiques, les réunions. Les conférences et réunions publiques seront soumises aux lois et règlements en vigueur.

ART. 2. — Pour faire partie du Comité, il faut premièrement adhérer sans restrictions, par signature ou par lettre personnelle, à la déclaration de principes servant de base au Comité, et ce, dans les termes suivants :

« Je soussigné... déclare adhérer aux statuts ainsi qu'au règlement du Comité de l'*Union républicaine,* principalement à la déclaration de principes contenue dans l'article premier des statuts, et je prie Monsieur le Président de vouloir bien me présenter en assemblée générale à l'une des prochaines séances. »

ART. 3. — Nul ne peut faire partie du Comité, s'il n'est inscrit sur une des listes électorales de Meaux.

ART. 4. — Pour faire partie du Comité, il faut :
1° Être présenté par deux membres qui signeront au registre leur présentation ; 2° être admis en assemblée générale par la majorité des membres présents.

ARTICLE 5. — La qualité de Membre peut-être aussi accordée aux électeurs des autres communes de l'arrondissement de Meaux et du département de Seine-et-Marne, à la charge de remplir les conditions portées aux articles 2 et 4.

La qualité de Membre correspondant pourra être aussi accordée à des personnes étrangères au département toujours sous les mêmes conditions.

ARTICLE 6. — Le Bureau est composé de :
Un Président,
Deux Vice-Présidents,
Un Secrétaire,
Un Vice-Secrétaire,
Un Trésorier,
Et six Assesseurs.

Article. 7. — Le Bureau ainsi formé s'occupe de la rentrée des fonds, ordonnance les dépenses, recueille tous les renseignements relatifs au but du Comité, convoque toutes les fois qu'il le juge utile les assemblées générales auxquelles il rend compte de ses opérations.

Article 8. — Le Bureau se réunit toutes les fois que la nécessité existe, sur la convocation faite par le Président ou à défaut du Président par l'un des Vice-Présidents.

Article 9. — Les réunions sont obligatoires pour tous les Membres du Bureau sans exception. L'appel sera fait après l'heure fixée. Une amende de cinquante centimes sera due par tout Membre du Bureau absent, à moins d'une excuse valable, adressée par lettre, et que le Bureau appréciera.

Article 10. — Les élections des Membres du Bureau auront lieu tous les ans à dater du mois de la première élection. Les Membres sortants sont indéfiniment rééligibles.

Article 11. — Tout Membre devra verser cinquante centimes à son entrée, au moment où il recevra sa carte d'admission.

CHAPITRE II.

Art. 12. — Le fonds de la Société se compose de : 1° Du montant des cotisations de 50 centimes payées au moment de l'admission ; 2° d'une cotisation de 50 centimes par trimestre que chaque membre devra verser ; 3° des amendes acquittées par les membres du Bureau conformément à l'art. 9 ; 4° des dons.

Art. 13. — Le Trésorier présente tous les trois mois ses comptes au Bureau : il présente, en outre, en fin d'année, son compte à l'assemblée générale, le jour de l'élection et avant cette élection.

CHAPITRE III.

Art. 14. — Toute démission de membre du Comité doit être adressée au Président, accompagnée de la carte d'adhérent qui avait été délivrée au titulaire.

Art. 15. — Les statuts ou règlement du Comité pourront toujours être modifiés en assemblée générale, et à la majorité des deux tiers des membres présents.

Art. 16. — Les statuts seront soumis à l'approbation de M. le Préfet de Seine-et-Marne.

Le Président,

E. DUTREUIL.

Le Secrétaire,

G. DESTOUCHES.

RÈGLEMENT

Article 1er. — Toute réunion du Comité a lieu, sur une convocation du Président seul, contenant autant que possible l'ordre du jour.

Article 2. — Le fauteuil est occupé par le Président ou par un Vice-Président, et en cas d'absence par le plus âgé des membres du bureau.

Article 3. — Le Président ouvre la séance, veille à l'exécution du règlement, accorde la parole, fixe l'ordre des délibérations, les met aux voix et formule les décisions.

Article 4. — Le secrétaire est chargé de la rédaction et de la lecture du procès-verbal.

Article 5. — Les votes se font par assis et levés : la contre-épreuve est de droit : le bureau apprécie. A la demande d'au moins vingt membres, il sera procédé au vote soit au bulletin secret soit par appel nominal.

Les décisions se prennent à la majorité des membres présents.

Article 6. — En cas de partage des voix, celle du Président est prépondérante.

Article 7. — Quel que soit le nombre des membres présents, la séance est ouverte à l'heure indiquée.

Article 8. — Dans chaque discussion, le Président accorde la parole suivant le tour d'inscription et successivement autant que possible à des orateurs d'opinions opposées.

Article 9. — Néanmoins, le Président peut accorder la parole hors tour à l'auteur ou au rapporteur de la proposition en discussion.

Article 10. — La parole est également accordée de droit hors tour à tout autre Membre, soit pour un fait personnel, soit pour réclamer l'ordre du jour, soit pour un rappel au règlement.

Article 11. — Le Président veille à ce que chaque Membre se renferme dans la question ; il l'y ramène au besoin et lui retire la parole s'il persiste à parler d'objets étrangers à la discussion.

Article 12. — Quand l'ordre du jour ou la clôture de la discussion sont demandés et appuyés, la parole ne peut être accordée que pour les maintenir ou pour les combattre.

Article 13. — Tout Membre siégeant au Bureau et désirant prendre part à la discussion devra quitter sa place et entrer dans le sein de l'Assemblée pour suivre la discussion.

Article 14. — Toute personnalité est interdite. Si un Membre du Comité trouble l'ordre, il y est rappelé par le Président, et, si la discussion devient tumultueuse, le Président se couvre et clôt la séance.

ARTICLE 15. — Après trois rappels à l'ordre, le Membre récalcitrant sera exclu de la séance par le Président, après avoir toutefois consulté le Bureau.

ARTICLE 16. — Il est interdit à tout Membre du Comité de parler dans les publications au nom du Comité. Toute publication émanant du Bureau devra porter la signature du Président et du Secrétaire.

ARTICLE 17. — Les livres du Comités se composent :

1° D'un registre contenant les procès-verbaux des séances signés du Président et du Secrétaire ;

2° D'un registre contenant la déclaration de principes signés de tous les Membres qui l'ont adoptée ;

3° D'un registre contenant par lettre alphabétique les noms, prénoms et demeures des Membres du Comité. Cette liste ne sera ni distribuée, ni publiée ; elle sera communiquée à tout membre qui en fera la demande ;

4° D'un registre de comptabilité contenant les recettes et les dépenses du Comité.

ARTICLE 18. — Il est délivré à chaque Membre du Comité une carte portant la signature du Président, du Secrétaire et celle du Membre lui-même. Cette carte doit être présentée à l'entrée du lieu des séances.

Le Membre qui prête sa carte à une personne étrangère est rayé de la liste du Comité.

ARTICLE 19. — Aucune personne étrangère au Comité ne peut assister aux réunions.

ARTICLE 20. — Un exemplaire des Statuts et Règlement est remis à chaque adhérent.

Le Président,

Signé : E. DUTREUIL.

Le Secrétaire,

Signé : G. DESTOUCHES.

Vu par nous, Préfet de Seine-et-Marne, pour être annexé à notre arrêté en date de ce jour.

Melun, le 11 Août 1881.

Signé : GEORGES PATINOT.

Pour copie conforme,

Le Maire,

VICTOR MODESTE.